Hans-Jürgen Bartholomaei

Leuchtende Kirchen und Kapellen

im Münsterland

Tecklenborg

Ludgerus-Dom

Billerbeck

Hell leuchten die imposanten Türme des Ludgerus-Domes über Billerbeck. Der kleine Turm der Johannis-Kirche fügt dem Bild einen zweiten Lichtblick hinzu. Der Dom mit seinen 100 Meter hohen Türmen ist zu einem Wahrzeichen von Billerbeck geworden. Erbaut wurde er in den Jahren 1892–1898 an der Stelle, an der das Sterbehaus des heiligen Liudgers gestanden haben soll. Gestorben ist Liudger, der erste Bischof von Münster, am 26. März 809 hier in Billerbeck. Zu seiner Ehre ist der Dom erbaut worden. Geschaffen hat ihn der Münsteraner Baumeister Wilhelm Rincklake. Im Stil einer neugotischen Kirche ist er mit einer Länge von 56 Metern und einer Breite von 26 Metern ein imposantes Bauwerk geworden.

Sankt Johannis

Billerbeck

Alt ist sie, sehr alt. Vermutlich hat Ludgerus, der erste Bischof von Münster, hier seine letzte Messe vor seinem Tod im Jahre 809 gehalten. In den folgenden Jahrhunderten ist sie mehrfach um- und ausgebaut worden. Der 78 Meter hohe Turm wurde im 12. Jahrhundert errichtet. Der Turmhelm, so wie er heute aussieht, wurde vermutlich um 1650 angebracht. Die dreischiffige Hallenkirche in ihrer heutigen Form wurde ab dem Jahre 1234 erbaut. Die St. Johannis-Kirche hat neben ihrer geschichtlichen auch eine große kunstgeschichtliche Bedeutung. Sie ist ein Musterbeispiel der münsterländischen Stufenhallen-Kirchen. Das Besondere an dieser Bauform ist, dass alle drei Kirchenschiffe in gleicher Höhe ansetzen.
Interessant ist auch die Uhr des Turmes. Sie ist aus dem Jahre 1876, so ist es auf dem Ziffernblatt zu lesen. Oberhalb davon ist ein Sensenmann mit einer Sanduhr dargestellt, ein Sinnbild für die Vergänglichkeit des Menschen.

Sankt Pankratius
Emsdetten

Erbaut wurde die St. Pankratius-Kirche in der heutigen Form in den Jahren 1846 – 1848. Der Vorgängerbau musste aufgrund des baufälligen Zustandes geschlossen werden. Die Gottesdienste fanden daraufhin in einer Scheune statt. Auf diese missliche Lage der Emsdettener Gläubigen wurde der preußische König Friedrich Wilhelm IV. anlässlich seines Besuches in Münster angesprochen und er erteilte im Jahre 1844 die Genehmigung zum Bau einer neuen Kirche. Nach Plänen von Friedrich August Stüler, einem Schüler des berühmten Baumeisters Karl Friedrich Schinkel, wurde im Jahre 1846 mit dem Bau begonnen. Hierzu wurde die alte Kirche abgerissen, nur der Turm blieb stehen. Die Steine für die Grundmauern und Fundamente wurden aus Ibbenbüren geholt, die Ziegelsteine, die für das Gewölbe benötigt wurden, wurden im nahen Nordwalde und Altenberge gebrannt. Am 19. August 1848 wurde die Kirche eingeweiht, aber schon bald wurde sie wieder zu klein aufgrund der gestiegenen Einwohnerzahl von Emsdetten. Zur Erweiterung nach Westen sollte der alte Turm abgerissen werden. Hiergegen aber erhob sich Protest aus der Emsdettener Bevölkerung und auch amtlicherseits, denn auch Kaiser Wilhelm II. und die preußischen Behörden stellten sich gegen den Abriss. Im Jahre 1903 wurde der alte Turm schließlich doch abgebrochen. Nach drei Jahren Bauzeit wurde der neue Turm mit einer Höhe von 70 Metern im Jahre 1906 fertiggestellt.

Sankt Anna

Neuenkirchen

Sie ist das alles überragende Wahrzeichen von Neuenkirchen. Erbaut wurde Sankt Anna in den Jahren 1896–1899 von dem bekannten Münsteraner Architekten Wilhelm Rincklake im Stil der Neuromanik. Vorbilder waren der Mariendom in Andernach und der Limburger Dom. Die St.-Anna-Kirche ist eine Basilika, die besonders geprägt ist von den beiden mächtigen Türmen an der Nordseite und dem Turm an der Südseite in Form eines Oktogons, der einen Raum in Form eines regelmäßigen Achtecks beinhaltet. Das Achteck gilt seit der Antike als Symbol der Vollkommenheit.

St. Johannes Baptist
Langenhorst

Sie ist ein Juwel!
Für einige Experten ist die Stiftskirche St. Johannes Baptist das bedeutendste Gotteshaus des Kreises Steinfurt, für andere die schönste spätromanische Hallenkirche des Münsterlandes.
Was ist das Besondere an ihr?
Mit ihrer Länge von 32 Metern ist sie eher klein, sie nimmt es aber mit den großen Domanlagen des Mittelalters auf. Sie hat zwei Querschiffe wie die riesigen Domanlagen in Speyer, Worms und Mainz und sie hat zwei Türme wie der Dom zu Münster.
Einmalig in Westfalen ist der Giebel an der Ostseite mit seiner steigenden Arkatur, bestehend aus Bögen, die auf Doppelsäulen ruhen und zur Mitte immer höher werden.
Mit ihrem Bau begonnen wurde gegen Ende des 12. Jahrhunderts, fertiggestellt wurde sie im Jahre 1230.
Sie ist klein – aber fein!

Sankt Fabian und Sebastian

Rosendahl-Osterwick

Wuchtig wie eine Burg erscheint die Kirche, die von einer mächtigen sechseckigen Kuppel dominiert wird. Und sie ist, wie so viele Kirchen im Münsterland, sehr alt. Eine erste Kirche wurde vermutlich vor 1022 errichtet. Im Jahre 1250 wurde der Vorgängerbau der heutigen Kirche im romanischen Stil mit einem Treppengiebel erbaut. Zwischen 1908 und 1922 wurde die Kirche im neoromanischen Stil erweitert. Der Vorgängerbau wurde fast komplett in den Neubau eingebettet. Selbst der alte Turm mit Treppengiebel blieb stehen. Man hat ihm zwei sehr hohe Türme an die Seiten gestellt, die ihn zu er-drücken scheinen (die Türme sind nicht auf dem Foto zu sehen).

Kapelle Madonna der Landstraße

Altenberge

Die auf einem Hügel zwischen Altenberge und Nienberge an der L510 gelegene Kapelle war ursprünglich eine Gedenkstätte für die im 1. und 2. Weltkrieg Gefallenen und Vermissten der umliegenden Bauernschaften. In Eigenleistung von Mitgliedern des Schützenverein „Grinkenschmidt" in einjähriger Bauzeit errichtet, wurde sie am 8. Juni 1953 eingeweiht. Viele vorbeikommende Autofahrer halten hier, betreten die Kapelle zu einer kurzen Besinnung und zünden eine Kerze an.

Der Name „Madonna der Landstraße" wurde vom Domkapitular Heinrich Tenhumberg geprägt und ist seitdem der offizielle Name der Kapelle. Im Inneren der Kapelle befindet sicht eine Schutzmantelmadonna nach einem alten Tiroler Motiv. Das Relief aus Eichenholz entstand aus einem Balken, der ursprünglich in einer alten, abgebrochenen Mühle als Welle diente. Erstellt wurde die Madonna von der Horstmarer Künstlerin Gertrud Büscher-Eilert.

Sankt Cornelius und Cyprian

Metelen

St. Cornelius und Cyprian ist die Kirche des ehemaligen Stiftes Metelen. Ursprünglich als Kloster gegründet – die Stiftungsurkunde stammt aus dem Jahre 889 – ist es im Laufe der Jahre zu einem Stift für adlige Damen geworden. Die letzte Äbtissin war Anna Elisabeth von Droste-Hülshoff. Sie war Tante und Taufpatin von Annette von Droste-Hülshoff, der berühmten Dichterin. 1803 wurde das Stift stillgelegt und 1811 endgültig geschlossen. Die Stiftskirche, die auch Pfarrkirche von Metelen war, wurde aufgrund der wachsenden Bevölkerung zu klein. In den Jahren 1856 – 1858 wurde sie groß erweitert und umgebaut. Im Zuge dieser Baumaßnahmen sollte auch der zweite Turm errichtet werden, denn die Kirche war ursprünglich als Doppelturmanlage geplant. Daraus wurde dann aber doch nichts, und so reckt sich der alte Turm mit seinem schönen Treppengiebel weiterhin allein in den Himmel über Metelen.

blumen mensing

Rosendahler Kreuz

Rosendahl-Osterwick

Hier an dieser Stelle stand vor 200 Jahren ein Kloster. Eine Gruppe von 24 Mönchen aus dem Kloster La Trappe in der Normandie kam auf ihrer Flucht vor der Französischen Revolution nach Rosendahl. Adolf Heinrich Droste zu Vischering stellte ihnen hier ein Grundstück zur Verfügung, auf dem sie ein Kloster errichteten. Es wurde von 1795 bis 1825 von ihnen bewohnt. Im Volksmund wurde es Rosenthaler Trappistenkloster genannt, da das angrenzende Gemeindegebiet Rosenthal hieß. Der offizielle Name lautete „Kloster unserer lieben Frau von La Trappe zur Ewigkeit". Der Torbogen aus Billerbecker Sandstein ist eine verkleinerte Version des Torbogens des französischen Klosters Notre Dame du Port-du-Salut in Entrammes. Erbaut im Jahre 2021 vom Osterwicker Partnerschaftsverein soll er an das damalige Kloster erinnern.

Sankt Lamberti
Coesfeld

Mitten im historischen Stadtkern von Coesfeld steht die Sankt-Lamberti-Kirche und reckt ihren barocken Turm über die Dächer der angrenzenden Häuser am Marktplatz. Obwohl bereits im Jahre 1703 erbaut, ist er doch der neueste Teil der Kirche. Die ältesten Gebäudeteile sind aus dem 13. Jahrhundert. Ab dem Jahre 1473 wurde die Kirche umfangreich erweitert. Der Turm ersetzt mit seinen 68 Metern Höhe die zwei ursprünglichen Türme der Kirche, die 1635 bzw. 1681 durch Stürme zerstört wurden. Unversehrt überstanden haben die vier Glocken den Einsturz der beiden alten Türme. Gegossen wurden sie zwischen 1428 und 1435 in Flandern und sind damit das älteste erhaltene Geläut in Westfalen.

San Remo

Sankt Mariä Geburt

Eggerode

Die Pfarrkirche Sankt Mariä Geburt in Eggerode, die neben der berühmten Gnadenkapelle steht, stand schon da, bevor die erste Wallfahrt im Jahre 1338 begann. Der erste ihrer drei Bauabschnitte, der Turm mit dem gotischen Treppengiebel, wurde bereits im 12. Jahrhundert abgeschlossen, der Chorraum wurde im 19. Jahrhundert errichtet und der letzte Bauabschnitt wurde im Jahre 1957 vollendet. Besonders erwähnt sei noch der große Freialtar neben der Kirche. Sehenswert ist der Kreuzweg, der 1961 in der Nähe der Kirche errichtet wurde und den bis heute viele Menschen betend und meditierend abschreiten.

Sankt Dionysius

Rheine

Die Pfarrkirche Sankt Dionysius liegt direkt am Marktplatz von Rheine und ist ebenso bekannt unter dem Namen Stadtkirche. Sie steht auf einem Hügel, der die höchste Erhebung in der Altstadt ist, und ist daher von Weitem sichtbar. Erbaut wurde sie in der Zeit von 1400–1520.
Die lange Bauzeit hatte zwei Gründe. Zum einen war sie die einzige Kirche in Rheine und musste daher während der Erweiterung weiterhin als Gotteshaus dienen. Ein Abriss war nicht möglich, da Rheine dann ohne Kirche gewesen wäre. Der andere Grund war schlicht das fehlende Geld. Es konnte immer nur so viel gebaut werden, wie Geld vorhanden war. Abgeschlossen wurde die Bautätigkeit im Jahre 1520 mit der Fertigstellung des Kirchturmes und der Glockenweihe.

Antoniuskapelle

Horstmar

Zwei Bilder, zwei Seiten einer Kapelle: die Antoniuskapelle, gelegen an der Landstraße zwischen Horstmar und Schöppingen. Erbaut wurde sie 1770 von der Antoniusbruderschaft aus Horstmar.
Diese im Jahre 1651 gegründete Gemeinschaft hatte überwiegend religiöse Aufgaben, so sollte insbesondere die Nächstenliebe und die Glaubenstreue gefördert werden.
Die Kapelle wird seit ihrer Gründung ununterbrochen von der Bruderschaft unterhalten.
Sie birgt innen und außen einige künstlerische Kostbarkeiten. So ist die um 1490 entstandene gotische Marienklage ein bedeutendes Werk der Bildhauerkunst.
An der Rückseite der Kapelle stehend, erstrahlt sie in der Dunkelheit in hellem Licht.
Die Antoniuskapelle ist aufgrund ihrer Lage hoch auf dem Schöppinger Berg und ihrer inneren und äußeren Schönheit ein Anziehungspunkt für viele Menschen. Eine alte Dame, die ich dort traf, sagte mir, hier habe sie das Gefühl, Gott nahe zu sein.

Sankt Mariä Himmelfahrt

Ahaus

Die katholische Pfarrkirche Sankt Mariä Himmelfahrt bietet einen architektonischen Kontrast ohnegleichen. Auf der einen Seite steht der altehrwürdige Kirchturm, erbaut in den Jahren 1498 – 1519. Mit seiner Form und dem verwendeten Baumaterial Sandstein entspricht er den Erwartungen, die viele Menschen an einen Kirchturm im Münsterland stellen. Auf der anderen Seite befindet sich das moderne Kirchenschiff aus Beton mit seiner Lamellenfassade und Buntverglasung, das so gar nicht in das landläufige Bild einer Kirche passt. Im Volksmund wird die Kirche als „Sankt Horten" verspottet, da sie stark den alten Horten-Kaufhäusern ähnelt. Erbaut in in den Jahren 1965 – 1966, will sie ein architektonisches Symbol für die neue katholische Kirche sein. Der radikale Bruch mit der Vergangenheit wird besonders im Inneren der Kirche deutlich, wo die Rasterfassade keinen Platz für Gemälde, Skulpturen oder andere kirchliche Kunst bietet. Der Kirchenraum soll nur Hülle sein für den Gottesdienst. Treten Sie ein. Sie werden staunen.

Sankt Nikomedes

Steinfurt-Borghorst

Die Sankt-Nikomedes-Kirche ist eine der jüngsten, dafür aber eine der größten Kirchen im Münsterland. Der Turm ist mit seinen 95 Metern Höhe der dritthöchste Kirchturm nach der St. Antonius-Basilika in Rheine und dem Ludgerus-Dom in Billerbeck. Und das Kirchenschiff ist mit 80 Metern fast so lang wie der Turm hoch ist. Es sind schon beachtliche Ausmaße. Erbaut wurde sie zwischen den Jahren 1885 und 1894.

Heilig-Kreuz-Kapelle

Ahle bei Heek

Die Heilig-Kreuz-Kapelle liegt etwas abseits der Landstraße zwischen Heek und Ahaus in der Bauerschaft Ahle. Sie wurde 1922 erbaut und wird daher in diesem Jahr (2022) 100 Jahre alt. An dieser Stelle ist sie bereits das dritte Gotteshaus. Erbauer war der damalige Kapellenverein, wie es ihn in vielen Gemeinden und Bauerschaften in alten Zeiten gab. Im Inneren gibt es eine Besonderheit: vor der Kreuzigungsgruppe im Chorraum hängt das bedeutende Ahler Hungertuch. Die 70-jährige Carola Freiin von Dalwigk zu Lichtenfels hat das Hungertuch in einer Größe von 4,15 x 3,17 m in einer alten Technik gestickt. Nach 15-monatiger Arbeit hat sie das Tuch im Jahre 1968 ihrer Heimatgemeinde zum Geschenk gemacht.

Kloster Gravenhorst

Hörstel

Alles begann im Jahre 1256, als der tecklenburgische Ritter Konrad von Brochterbeck zusammen mit seiner Frau das Kloster Gravenhorst gründete. In der auch als Konvent bezeichneten Anlage lebten 10 bis 14 Frauen aus dem niederen Adel, die überwiegend aus dem Raum Münster-Osnabrück kamen. Im Laufe der Jahrhunderte wurde das Kloster immer wieder zerstört und wiederaufgebaut. Während des Dreißigjährigen Krieges wurde es in den fünf Jahren zwischen 1618 und 1623 allein 13-mal geplündert.
Der älteste erhaltene Teil des Klosters ist die gotische Kirche. Sie wurde bereits um das Jahr 1300 erbaut und gemäß den strengen Ordensregeln der Zisterzienser als schmuckloses Gotteshaus erstellt, das sogar auf einen Kirchturm verzichtet. Neben der Kirche existieren noch das Haupthaus und nahezu sämtliche zu einem Kloster gehörenden Nebengebäude wie Mühle, Back- und Brauhaus. Kloster Gravenhorst ist daher eine der wenigen fast komplett erhaltenen Klosteranlagen in Norddeutschland.
Heute wird das Kloster als Kunsthaus genutzt, in dem zeitgenössische Kunst erschaffen und präsentiert wird.

Kapelle „Zu den fünf Wunden“

Laer

Die Kapelle „Zu den fünf Wunden“ ist ein Jungspund im Vergleich zu den umliegenden Kirchen und Kapellen des Münsterlandes. Erbaut wurde sie im Jahre 2010 vom Kapellenverein Laer, der wiederum erst ein Jahr zuvor gegründet wurde. Der Altar stammt aus der Kirche St. Bartholomäus in Laer. Die Glocke hing ursprünglich in der ehemaligen Kapelle des Marienhospitals in Borghorst. Und aus dem Münsteraner Schloss stammt die herrliche Eingangstür. Ihren Namen verdankt die Kapelle dem Bildstock, der unter den nebenstehenden Linden seinen Platz hat und die fünf Wunden Jesu Christi zeigt.

Sankt Dionysius

Welbergen

Zwei Kirchen, ein Name: Sankt Dionysius.
Benannt nach dem heiligen Dionysius von Paris, der im 3. Jahrhundert Missionar in Gallien war und erster Bischof von Paris wurde.
Die kleinere der beiden ist eine der ältesten Kirchen des Münsterlandes. Erbaut wurde sie in der 2. Hälfte des 11. Jahrhunderts im romanischen Stil und ist damit fast tausend Jahre alt.
Die größere der beiden schafft es gerade mal auf gut 100 Jahre. Sie wurde im Jahre 1908 nach 7-jähriger Bauzeit im Stil einer neugotischen Basilika fertiggestellt. Dafür ist sie groß – und für das kleine Dorf Welbergen eigentlich viel zu groß.

Sankt Gertrudis

Horstmar

Weit offen steht das alte Stadttor von Horstmar und lädt ein zum Besuch der die angrenzenden Häuser überragenden Sankt-Gertrudis-Kirche. Erstmals urkundlich erwähnt wird die Kirche im Jahre 1247. Genauere Angaben zur Baugeschichte gibt es nicht. Vermutlich wurde die Kirche in ihrer heutigen Form um das Jahr 1400 errichtet und der Turm erst Mitte des 15. Jahrhunderts. Bis in die Neuzeit sind am Kirchenschiff und am Turm immer wieder bauliche Veränderungen und Erweiterungen vorgenommen worden.

BRAUTGARTEN
BRAUTGARTEN

Evangelische Kleine Kirche und katholische Pfarrkirche Sankt Johannes Nepomuk

Steinfurt-Burgsteinfurt

Bunt angestrahlt sticht der Turm der evangelischen Kleinen Kirche in der Burgsteinfurter Innenstadt hervor. Sie wird oft übersehen zwischen den anderen Türmen und historischen Gebäuden der Stadt, aber das völlig zu Unrecht. Erbaut in den Jahren 1471 bis 1477 war sie jahrhundertelang eines der wichtigsten Gebäude der Stadt, denn in ihren Mauern fanden die Ratswahlen und die Wahl des Bürgermeisters statt.

Ganz dezent leuchten die Fenster der katholischen Pfarrkirche Sankt Johannes Nepomuk und bilden damit einen beruhigenden Kontrast zu den bunten Farben der Kleinen Kirche. Erbaut wurde sie nach den Plänen der Gebrüder Gottfried Laurenz Pictorius und Peter Pictorius d. J., zwei berühmten Baumeistern des Münsterlandes, in den Jahren 1721 bis 1724 im barocken Stil. Mit ihrer Fertigstellung endete eine jahrelange, nicht immer friedliche, gemeinsame Nutzung der Großen Kirche von Protestanten und Katholiken.

Große Kirche

Steinfurt-Burgsteinfurt

Die Große Kirche ist eine einzigartige Besonderheit unter den Kirchen des Münsterlandes und weit darüber hinaus. Mit 50 Meter Länge und dem mächtigen Turm mit Treppengiebel und Satteldach ist sie eine imposante Erscheinung, aber davon gibt es viele und größere im Münsterland.
Die Einzigartigkeit und Besonderheit zeigt sich im Inneren der Kirche. Beim Eintreten fällt der Blick sofort auf den Lettner, der auch Apostelbühne genannt wird. Er bildet eine Schranke zwischen dem Laienraum und dem Chor, der den Priestern vorbehalten war. In seiner gesamten Ausgestaltung ist er der größte Lettner in Westdeutschland und der einzige in Westfalen erhaltene.
Einmalig in ganz Deutschland ist auch das hölzerne Tonnengewölbe. Mit einer Länge von 41 Metern und einer Breite von 12 Metern überspannt es den Innenraum ohne stützende Säulen oder Kreuzgewölbe als sensationelles Bauelement.

St. Johannes Baptist

Altenberge

Die katholische Pfarrkirche St. Johannes Baptist in Altenberge ist vermutlich eine der ältesten Kirchen des Münsterlandes. Altenberge zählt zu den Urpfarren des Bistums Münster, die von Bischof Liudger (* 742 – † 809) gegründet worden sind.
Bei Ausgrabungen wurde der Grundriss einer Kirche aus dem 12. Jahrhundert entdeckt. In den Jahren 1882 – 1884 wurde die Kirche umgebaut, der alte Turm abgerissen und durch den 75 Meter hohen Turm ersetzt, der sich seither hoch in den münsterländischen Himmel streckt und weithin sichtbar ist.
Die Figuren im Vordergrund sind lebensgroße Stahlskulpturen, angeordnet in drei Gruppen junger und älterer Menschen. Die Skulpturen sind genau in der Mitte des Ortes platziert worden und bilden so eine Brücke zwischen den Standorten der Seniorenheime, der Schulen und dem Ortskern. Das Kunstwerk stellt das zentrale Anliegen der Menschen in Altenberge dar: Lebensqualität und Zukunft generationsübergreifend zu erhalten und zu gestalten.

Stift Asbeck

Legden-Asbeck

Die zweigeschossige Arkadengalerie ist der Rest des ehemaligen Klosters Asbeck. Ursprünglich als Doppelkloster für Männer und Frauen angelegt, wurde es sehr bald zu einem reinen Frauenkloster. Im 16. Jahrhundert wurde das Kloster in ein freiweltliches, adliges Damenstift umgewandelt, daher die heutige Bezeichnung Stift. Erbaut wurde es in den Jahren 1132–1151. Die Arkadengalerie ist der Westflügel der Kreuzganganlage des Asbecker Klosters und ihre Zweigeschossigkeit macht sie zu etwas Besonderem. In Westfalen gibt es dies nur am Dom zu Minden und im restlichen Deutschland nur noch in Hildesheim und Gernrode im Harz.
Nach der Auflösung des Klosters im Jahr 1803 verfiel das Gebäude im Laufe der Zeit. Im Jahr 1867 wurde der Säulengang abgetragen und nach Münster gebracht, wo er für den Neubau des Diözesanmuseums verwendet wurde. Als 100 Jahre später der Museumsbau schon wieder abgebrochen wurde, kam die Arkadengalerie zurück nach Asbeck und wurde lange Zeit vergessen. Erst 2004 ist sie durch den Einsatz der Asbecker Bevölkerung an ihrem ursprünglichen Platz wieder aufgebaut worden.
Die Stiftskirche Sankt Margareta steht daneben und schaut seit Jahrhunderten dem bewegten Leben des Stiftes zu.

Sankt Lamberti

Ochtrup

Die katholische Pfarrkirche Sankt Lamberti stammt aus dem 13. Jahrhundert, allerdings nur ihr Vorgängerbau. Ihre heutige Form erhielt die Kirche in der Mitte des 19. Jahrhunderts, da aufgrund der Bevölkerungsentwicklung Ochtrups die alte Kirche zu klein wurde. Der Grundstein für den Neubau der Kirche in neugotischer Form wurde 1866 gelegt. Nach den Plänen des Münsteraner Architekten Hilger Hertel wurde nach dreijähriger Bauzeit der letzte Stein für das Deckengewölbe gesetzt. Weitere vier Jahre wurden für die Innenarbeiten benötigt. Am 27. August 1873 wurde die neue Kirche feierlich eingeweiht.

Sankt Dionysius

Nordwalde

Die katholische Pfarrkirche Sankt Dionysius wurde im 15. Jahrhundert erbaut. Im Jahre 1815 stürzte der alte Kirchturm ein, was zu einer ausgiebigen Bautätigkeit in den nächsten Jahrzehnten führte. Beim Bau eines neuen Turmes wurde die Kirche um ein sogenanntes Joch verlängert. Auch dieser Turm hielt nicht lange, wurde er doch bereits im Jahre 1894 ein Raub der Flammen. Wieder musste ein neuer Turm gebaut werden. Dieser erhielt eine spitze Haube und steht heute noch. Im Zuge des Turmbaus wurde die Kirche wiederum vergrößert, diesmal um zwei Joche. Die rege Bautätigkeit der letzten Jahrhunderte hat dazu geführt, dass vom alten Kirchenbau nur der Chor und ein Gewölbefeld erhalten sind. Die Kirche scheint alt zu sein, ihre Einzelteile sind es jedoch nicht.

AO 1718

Bergkapelle
Schöppingen

Die Bergkapelle liegt mitten auf dem Schöppinger Berg und ist zu Unrecht weit weniger bekannt als die Antoniuskapelle an der Landstraße zwischen Horstmar und Schöppingen.
Mit ihrem hellen Mauerwerk aus Bruchsteinen, ihrer achteckigen Form und ihrem Dach in Form einer Glocke ist sie eine schlichte Schönheit. Und sie ist alt, vermutlich wurde sie im Jahre 1718 erbaut. Ebenso alt ist die Linde neben ihr,
die als letzte von vier Linden, die zum Kapellenbau im Jahre 1718 gepflanzt wurden, noch steht. Seit über 300 Jahren bilden sie eine Einheit, das Naturdenkmal und das Baudenkmal, und sind ein lohnenswertes Ziel für viele Menschen.

Sankt-Antonius-Basilika

Rheine

Sie ist etwas Besonderes, denn sie ist eine Basilika. Das ist ein Ehrentitel der katholischen Kirche und wird vom Papst verliehen für besonders ehrwürdige und bedeutungsvolle Kirchen. Die Sankt-Antonius-Basilika wird von Kennern zu den aufwendigsten und wichtigsten Kirchenbauten des frühen 20. Jahrhunderts gezählt und trägt daher den Ehrentitel völlig zu Recht. Ihr Turm ist mit einer Höhe von 102,5 Metern der höchste Kirchturm im Münsterland, und mit ihrer Länge von 90 Metern und einer Breite von 39 Metern gehört sie zu den großen Kirchen in Deutschland. Sie ist wahrlich eine imposante Erscheinung.

buschmann
Roggenmarkt
Drubbel

Sankt Lamberti

Münster

Die Lambertikirche, wie sie gemeinhin genannt wird, gehört zu den ältesten Kirchen Münsters. Bereits in der ersten Hälfte des 11. Jahrhunderts wurde ein Vorgängerbau als Kirche für die Bürger außerhalb des Dombereichs errichtet. Sankt Lamberti steht am Ende des Prinzipalmarktes, wo sich Roggenmarkt, Fischmarkt und Steinweg kreuzen. Ihre heutige Form erhielt die Kirche in der Zeit von 1375–1525. Im Rahmen ausgiebiger Renovierungsarbeiten wurde in den Jahren 1888–1889 der neugotische Turm erbaut, der sehr viel Ähnlichkeit mit dem Turm des Freiburger Münsters hat. Mit einer Höhe von 90,5 Metern ist er der höchste Kirchturm in Münster. Außerdem hat die Lambertikirche eine Besonderheit zu bieten, die es nur noch in wenigen Kirchen Deutschlands gibt: Sie hat einen Türmer und seit dem Jahr 2014 sogar eine Frau als Türmerin. Deren ursprüngliche Aufgabe war es, die Bürger vor Gefahren, Feinden und Bränden zu warnen. Heute bläst die Türmerin mit ihrem Horn jeden Abend zwischen 21 und 24 Uhr nur noch die vollen und halben Stunden.

Überwasserkirche

Münster

Die Überwasserkirche ist im Jahre 1040 auf den Namen „St. Maria" geweiht worden und zählt damit ebenfalls zu den ältesten Kirchen in Münster. Ihren heutigen Namen hat sie später erhalten, da sie nicht innerhalb des von der Münsterschen Aa umflossenen Dombezirks lag, sondern am gegenüberliegenden Ufer, also aus der Sicht des Domes „über dem Wasser". Im Verlauf der Jahrhunderte wurde sie mehrfach zerstört und wiederaufgebaut. Der Bau der Überwasserkirche in der bestehenden Form einer gotischen Hallenkirche wurde im Jahre 1340 begonnen und endete mit der Fertigstellung des beeindruckenden Westturms im Jahre 1415. Er besitzt eine quadratische Grundform und besteht aus fünf Geschossen, wobei das oberste Geschoss wie eine Krone wirkt. Neben der Überwasserkirche liegt das alte Gebäude des Priesterseminars, aus dem die Universität Münster hervorgegangen ist. Das moderne Gebäude daneben ist die neue Diözesanbibliothek.

Sankt Ludgeri

Münster

Die Sankt-Ludgeri-Kirche ist mit ihrem wuchtigen Vierungsturm ein imposantes Bauwerk. Bereits im Jahre 1180 errichtet, ist sie eine der ältesten Kirchen in Münster. Der außergewöhnliche Turm ist nur wenig später, im Jahre 1229, gebaut worden. Ein besonderer Reiz entsteht aus dem Kontrast des für die beiden unteren Geschosse verwendeten gelben Baumberger Sandsteins und des dunklen Steins des oberen Geschosses, der sogenannten Krone. Im 2. Weltkrieg wurde die Kirche fast völlig zerstört, aber in den frühen Nachkriegsjahren in alter Form wiederaufgebaut.

Sankt-Paulus-Dom

Münster

Auf dem weitläufigen Domplatz steht majestätisch thronend der Sankt-Paulus-Dom. Der heilige Liudger hat hier einst am Ufer der Münsterschen Aa ein Kloster gegründet, von dessen lateinischer Bezeichnung „monasterium" sich der Name Münster herleitet. Im Jahre 805 wurde Liudger zum ersten Bischof von Münster geweiht und er ließ eine Domburg mit dem Paulusdom als Mittelpunkt bauen. Wie so viele Kirchen im Mittelalter erlitt auch der Paulusdom das Schicksal, dass er mehrfach zerstört wurde. Seine heutige Form erhielt er in den Jahren 1225–1264. In den folgenden Jahrhunderten bis in die heutige Zeit wurde er immer wieder verändert, erweitert und vergrößert. Die beiden Türme sind mit ihrer Höhe von 55 und 57 Metern eher klein, aber mit einer Länge von 109 Metern und einer Breite von 52 Metern ist der Paulus-Dom wahrlich eine majestätische Erscheinung.

Nächtliche Skyline

Münster

Zum Schluss ein Blick über den Aasee auf die nächtliche Skyline von Münster. Der Paulus-Dom überstrahlt alles. Er wird auf der linken Seite flankiert von der Überwasserkirche und auf der rechten Seite von der Lambertikirche.

Impressum

Umwelthinweis:
Der Inhalt dieses Buches wurde auf Papier
mit chlorfrei gebleichtem Zellstoff gedruckt.
Das Einbandmaterial ist recyclebar.

Die Deutsche Bibliothek – CIP Einheitsaufnahme

Leuchtende Kirchen und Kapellen
Hans-Jürgen Bartholomaei
Steinfurt; Tecklenborg Verlag, 2022
ISBN: 978-3-949076-09-1
1. Auflage 2022

Gesamtherstellung: Druckhaus Tecklenborg, Steinfurt

ISBN: 978-3-949076-09-1